MANATÍES

MAMIFERO MARINO

Sarah Palmer

Versión en español de Lois Sands

Rourke Enterprises, Inc.
Vero Beach, Florida 32964

LIBRARY OF CONGRESS
Library of Congress Cataloging-in-Publication Data
Palmer, Sarah, 1955-
[Manatees. Español.]
    Manatíes / por Sarah Palmer; versión en español de Lois
Sands.
    p.   cm. — (Biblioteca de descubrimiento del mamífero marino)
    Traducción de: Manatees.
    Incluye un índice alfabético.
    Sumario: Describe en términos sencillos la apariencia, la infancia,
los hábitos, el comportamiento y el habitat de los manatíes o vacas
marinas.
    ISBN 0-86592-672-7
    1. Manatíes—Literatura juvenil.
[1. Manatíes.   2. Materiales de lenguaje en español.]
I. Título.   II. De la serie de: Palmer, Sarah, 1955-
Biblioteca de descubrimiento del mamífero marino.
QL737.S63P348   1991
599.5'5—dc20   91-21365
                                          CIP
                                          AC

ÍNDICE

MANATÍES

Los manatíes a veces se llaman "vacas marinas". Ellos pastan en las plantas en el agua igual como una vaca lo hace en la tierra. Igual que las vacas, los manatíes son muy tranquilos y completamente inofensivos. Hay tres **especies** de manatíes. Una especie vive en África, y las otras dos viven en las Américas. La especie que más ampliamente se ha estudiado es el manatí norteamericano (Trichecus manatus).

Los manatíes pueden gastar sus dientes del todo pastando en los fondos arenosos de los ríos

CÓMO SON

Los manatíes son criaturas gruesas, parecidos a los globos inflados, de color gris-café. Los manatíes adultos norteamericanos pueden ser de 8 a 14 pies de largo y pesar hasta dos tercios de una tonelada. Los manatíes tienen cabezas chicas rodeadas con dobleces de piel gruesa. Sus hocicos cuadrados tienen cerda gruesa. Los manatíes no tienen **miembros en la parte trasera** de su cuerpo. Los **miembros** del cuerpo en la **parte delantera** son aletas bien desarrolladas que los permite moverse con facilidad por el agua.

Los manatíes tienen aletas bien desarrolladas

DÓNDE VIVEN

Los manatíes viven solamente en agua caliente y no profunda. Si en el **estuario** el agua se pone muy fría se mueven hacia el interior de los ríos y canales. Los manatíes norteamericanos pueden encontrarse en Florida, América Central y en las islas Indias del Oeste. Viven solos o en grupos pequeños. Los manatíes nunca se atreven a salir a la tierra por ninguna razón.

Los manatíes viven en aguas tranquilas y protegidas

LO QUE COMEN

Los manatíes son **vegetarianos** y comen solamente plantas. Son los únicos **mamíferos** marinos que no comen grandes cantidades de carne o pescado. Los manatíes solamente comen pescado cuando está mezclado con las plantas que se están comiendo. Ellos no **rapiñan** a otras criaturas. Los manatíes se comen grandes cantidades de plantas acuáticas como pastos marinos y jacintos acuáticos. Un manatí de diez pies de largo necesita más de 100 libras de vegetación cada día.

Los manatíes comen solamente plantas

*Los manatíes se mueven despacio por el agua,
pero si tienen que apurarse pueden hacerlo*

En agua fangosa los manatíes no pueden ver bien

CÓMO COMEN

Los labios de los manatíes están partidos en dos mitades iguales. Cada mitad puede moverse sola. Esto permite que los manatíes agarren y coman plantas acuáticas. Los manatíes mastican mucha arena con las plantas que comen. Esto gasta sus dientes y se les caen. Por suerte les crecen dientes nuevos para reemplazar los que se gastaron. Los científicos creen que los manatíes pueden crecer hasta sesenta dientes nuevos durante su vida.

Los manatíes usan sus aletas delanteras para hacer llegar la comida a sus bocas

VIVIENDO EN EL AGUA

Los manatíes pasan mucho tiempo nadando lentamente por el agua comiendo plantas. Pasan como siete horas comiendo cada día. Los manatíes generalmente nadan a una velocidad de 2 a 6 m.p.h. Pueden moverse mucho más rápido si es necesario. Los científicos dicen que la velocidad más rápida es de 15 m.p.h. Normalmente los manatíes no se zambullen más que 30 pies. Ellos vienen a la superficie para respirar aproximadamente cada cuatro minutos.

Los manatíes necesitan respirar en la superficie aproximadamente cada cuatro minutos

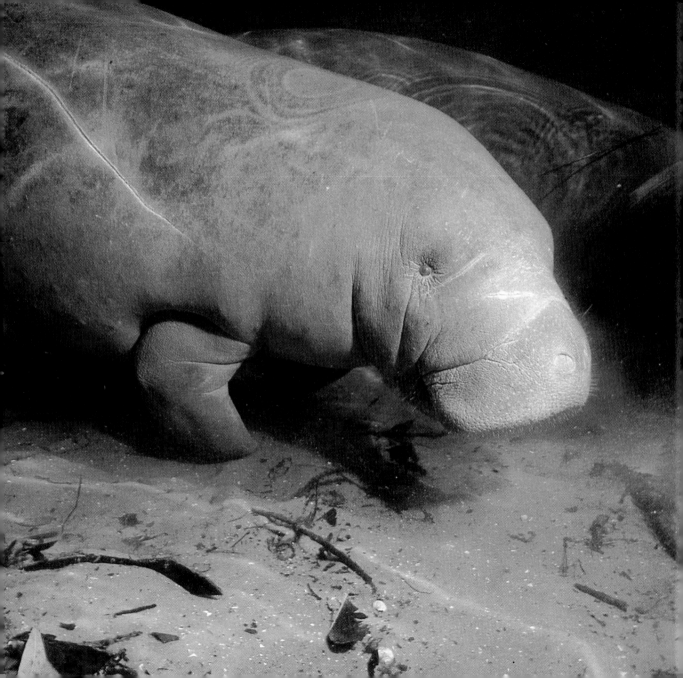

SUS SENTIDOS

Los manatíes tienen buen sentido de oir y de la vista. Los científicos piensan que tienen vista penetrante. Los manatíes pueden ver por largas distancias en el agua clara. Sin embargo a veces se chocan por ninguna razón con objetos que están muy cerca. En las ensenadas y ríos, los ojos de los manatíes pueden rasparse con la arena y el pedregullo que se encuentra en el agua enlodada. Un tercer párpados se cierra sobre cada ojo para protegerlos. Los manatíes también tienen un sentido de tacto muy bien desarrollado. A menudo se tocan el uno al otro con sus aletas.

A los manatíes les gusta quedarse cerca el uno del otro

MANATÍES BEBÉS

Los manatíes bebés son de color gris-café al nacer. Su piel se pone más clara al ir creciendo. Cuando nacen, los manatíes son de más o menos tres pies de largo y pesan entre 40 y 60 libras. Los **becerros** del manatí se quedan con la madre por dos o tres años. Las hembras les enseñan a respirar en el agua para que no se ahoguen. Dentro de tres meses los becerros están pastando junto con sus madres.

Los manatíes bebés se quedan con sus madres hasta que cumplen dos años

LOS MANATÍES Y LOS SERES HUMANOS

La gente siempre ha sido la amenaza más grande para los manatíes. Hace ya muchos años la gente se los comía. La piel gruesa de los manatíes se usaba para hacer cuero, y su **esperma** se usaba para aceite. Hoy en día los manatíes están protegidos por ley y la gente ya no los puede matar. Los manatíes aún no están siempre fuera de peligro con la gente. Algunas personas manejan botes poderosos encima de los manatíes porque no los ven. Muchos manatíes quedan lastimados y otros se mueren de esta manera.

GLOSARIO

becerros — manatíes bebés

delanteros, miembros — brazos de adelante

especies — un término científico que significa una clase o tipo

esperma — una capa gruesa de grasa debajo de la piel de un mamífero marino

estuarios — lugares donde un río fluye al océano

mamíferos — animales que alimentan su crías con leche de madre

rapiñar — cazar a otros animales para comida

traseros, miembros — patas de atrás

vegetación — vida de las plantas

vegetariano — un animal que come sólo plantas

ÍNDICE ALFABÉTICO